MW01708585

Mitología

oriental

LIBSA

c/ San Rafael, 4
28108 Alcobendas (Madrid)
Tel.: (34) 91657 25 80
Fax: (34) 91657 25 83
e-mail: libsa@libsa.es
www.libsa.es

Ilustración: Jesús López Pastor
Textos / Edición: Equipo Editorial LIBSA

ISBN: 84-662-0915-8

MITOLOGÍA ORIENTAL

AMÓN-RA

Rey de los dioses

A Amón-Ra se le representaba como un hombre con cabeza de halcón, con un disco a modo de tocado.

En la época antigua, Amón era el dios de la brisa y del aire, algo tan etéreo que su nombre significaba «el oculto». Por ser el dios del aire, los egipcios lo dibujaban de color azul y era especialmente venerado en Tebas, la capital del imperio egipcio, así que en poco tiempo pasó de ser un dios local a ser el dios de todo el país. Pero además empezó a asociarse a Amón con el dios Ra, que era el dios del sol, y así, terminó siendo un único dios llamado Amón-Ra. Los egipcios creían que el cielo era la extensión del río Nilo y que se podía recorrer en una barca; por eso decían que el dios solar Amón-Ra viajaba durante el día en esa barca por el cielo y, al caer la noche, viajaba bajo la tierra para volver a aparecer al día siguiente. Era un dios con diferentes nombres según el momento: se le llamaba Khepri al amanecer y se representaba en forma de escarabajo (un escarabajo azul que veréis en las joyas y amuletos egipcios); al mediodía, con el sol en su esplendor, se llamaba Ra; recibía en cambio el nombre de Amón cuando comenzaba a anochecer y el sol se debilitaba. Amón-Ra era el dios creador, el más importante, pero no en todas las épocas fue así: el faraón Akhenatón impuso el culto al dios Atón y por eso a este monarca se le llamó «el faraón hereje». Cuando Akhenatón murió, se restableció el culto a Amón-Ra como padre de los dioses y de los hombres.

Isis y Osiris

Amor más allá de la muerte

En los tiempos del lejano Egipto los dioses Gueb (Tierra) y Nut (Cielo) tuvieron cuatro hijos: Osiris, Isis, Seth y Neftis. Osiris se casó con Isis y Seth con Neftis y se estableció que, por ser el mayor, Osiris sucedería a su padre. Entonces, el envidioso Seth tramó un plan de venganza y mandó construir una caja a la medida de su hermano Osiris; después organizó un banquete y le invitó. En mitad de la comida Seth hizo traer la caja y dijo que le regalaría aquel lujoso cofre a aquel que cupiera exactamente dentro, pero cuando Osiris lo probó, cerró la tapa y le dejó encerrado dentro tirando el cofre al río. Desesperada, Isis buscó a su marido y al final encontró la caja en Fenicia, encallada en la orilla del río. Isis escondió los restos de Osiris, pero el malvado Seth se enteró de dónde estaban y cortó el cuerpo de Osiris en catorce pedazos que esparció por todo Egipto. Isis, ayudada por Neftis, buscó los trozos y después, con la ayuda de Anubis, Osiris fue momificado. Entonces Isis extendió sus alas mágicas sobre el cadáver de su marido y le devolvió la vida. Por eso en Egipto se veneraba a Isis como diosa protectora de las esposas fieles y modélicas, Osiris era el dios de los muertos y del renacimiento y Seth quedó como dios del desierto, la sequía, la maldad y la guerra, un dios cuya voz era el sonido del trueno en mitad de la tormenta.

Isis era el modelo del amor conyugal y de la devoción materna. Osiris era un dios salvador que garantizaba la supervivencia en el más allá.

Horus

El vengador

Horus era el dios del cielo, por eso se le representaba con la cabeza de un halcón, el ave majestuosa que todo lo ve desde las alturas.

Isis y Osiris tuvieron un hijo al que llamaron Horus. Durante su infancia fue un niño frágil al que su madre tuvo que esconder y proteger de la ira de su malvado tío Seth, que deseaba más que nada en el mundo matarlo y quedarse con el trono que el niño había heredado de Osiris. Cuando Horus creció, se enfrentó a Seth en una guerra muy larga, tanto que, para solucionar el conflicto, ambos se presentaron ante un tribunal. Seth acusó a su sobrino de ser hijo ilegítimo y por lo tanto, de no merecer el trono, pero Horus demostró que era realmente el hijo de Osiris, de modo que Seth fue expulsado y Horus quedó como vencedor. En la batalla, Horus perdió un ojo y por eso este dios quedó como patrón de los ciegos, además los egipcios usaban amuletos con el ojo de Horus para atraer la buena suerte. Los egipcios creían que los faraones eran la encarnación del dios Horus en la tierra y al formar parte de la divinidad, eran adorados, no como reyes, sino como dioses y también se les permitía casarse con miembros de su familia, incluso entre hermanos, para no mezclar la sangre divina con la de los hombres.

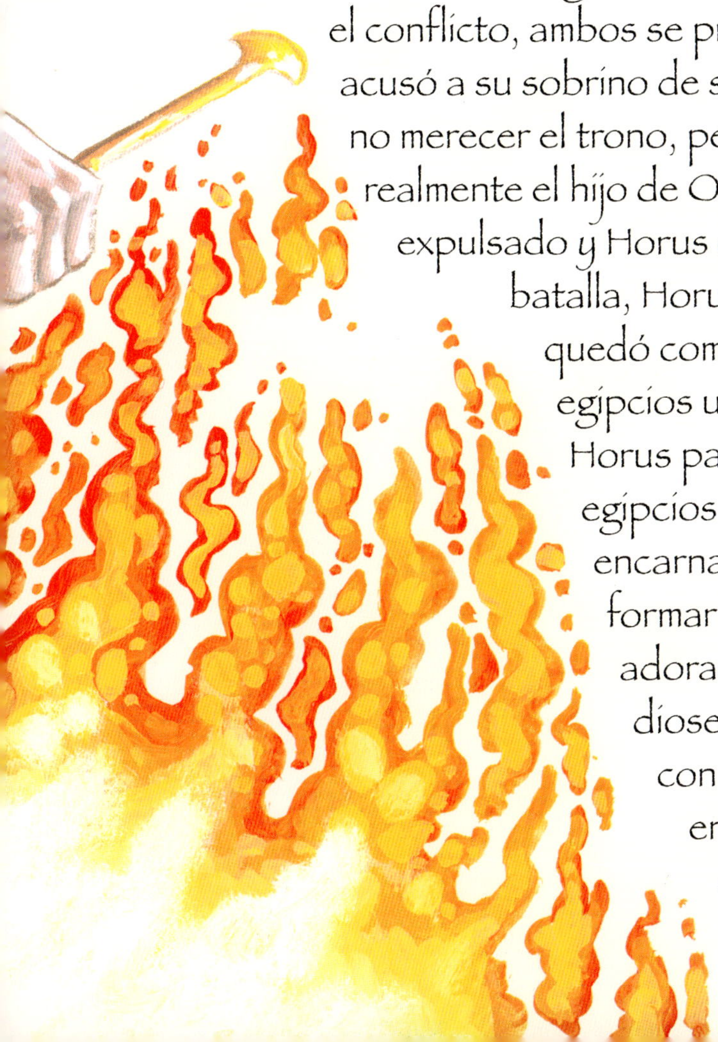

ANUBIS

Dios funerario

A Anubis se le representaba como un hombre con cabeza de chacal. Su cara era de color negro por el color de los cuerpos en la putrefacción. La asociación con la imagen del chacal se puede deber a la costumbre de los chacales de desenterrar las tumbas para alimentarse con los restos depositados allí. Rindiéndole culto se esperaba proteger a los difuntos.

La leyenda dice que Neftis, la esposa del malvado Seth, no tenía hijos y como deseaba uno, emborrachó a su hermano Osiris para engañarle y así pudo concebir con él a Anubis. Cuando Osiris se enteró, abandonó al niño, pero la maternal Isis lo recogió y lo educó como si fuera hijo suyo. Cuando Seth esparció los pedazos de Osiris por Egipto, Neftis ayudó a Isis a recuperarlos y Anubis ayudó a momificarlo, por eso se le reconocía como el dios protector de los embalsamadores y se le hizo responsable de la evisceración de los muertos. Anubis era uno de los dioses más antiguos del panteón egipcio, y era un dios presente en el ritual de la muerte: primero se momificaba el cadáver extrayendo todas las vísceras, menos el corazón. Luego se perfumaba, se envolvía en vendas y se metía en un sarcófago que se depositaba en la tumba. Los egipcios creían que entonces se producía el juicio final: ante la mirada del juez Osiris, Anubis pesaba el corazón del difunto en una balanza en la que, al otro lado, se colocaba la pluma de la verdad. Si el corazón pesaba más que la pluma, el difunto era castigado, pero si el corazón y la pluma pesaban lo mismo, el muerto era virtuoso y merecía la salvación eterna, así que Anubis lo guiaba al más allá.
El culto a Anubis fue tan importante, que incluso pasó al mundo griego.

APIS

El buey divino

Como os habréis fijado, los egipcios solían identificar a algunos animales con los dioses (es el caso del escarabajo simbolizando a Khepri, la cabeza de halcón de Horus o la cabeza de chacal de Anubis), pero el caso más llamativo era el del buey Apis. Se creía que el dios Ptah había tomado la apariencia de un fuego celeste para concebir un toro con una vaca sagrada. Ese toro, o buey, se suponía el representante del dios Ptah en la tierra y era por lo tanto adorado en Menfis. Los sacerdotes elegían un buey que fuera negro, pero tuviera unas marcas geométricas de color blanco en la frente, lo proclamaban buey Apis y lo cuidaban con mimos especiales. Por ejemplo, el buey Apis bebía agua de un pozo especial, en lugar de beber la que salía del río Nilo y su comida era también especial, digna de un dios.

Cuando un buey Apis moría, la ciudad entera estaba de luto y hacían grandes duelos por él. Pasado un tiempo, se volvía a escoger otro buey Apis que sería cuidado como si se tratase del mismo dios. Se creía que cada vez que el toro tomaba un camino o una senda, se ocultaba detrás un significado mágico que indicaba normas morales o de justicia, e incluso órdenes que el dios Ptah transmitía a los hombres.

Fénix

El ave

El ave más hermosa

De entre todas las aves del universo egipcio, la más hermosa era el ave Fénix. Su plumaje tenía colores encendidos como el rojo y el oro y tenía el tamaño de un águila majestuosa. Esta ave vivía 500 años y no tenía la capacidad de reproducirse como los otros animales, sino que cuando sentía que su muerte estaba próxima, viajaba volando desde Etiopía hasta Egipto y allí construía un nido con ramas de plantas aromáticas, como el incienso o algunas resinas; después se tumbaba en él y esperaba a que los rayos del sol encendieran aquellas ramas secas y las prendieran fuego. La hoguera quemaba todas las plantas y, con ellas, se quemaba también el ave Fénix, que terminaba convertida en cenizas aromáticas. Pero al poco tiempo, de aquellas cenizas surgía un gusano pequeño, que crecía y se iba formando hasta convertirse en una nueva ave Fénix. Por tener esta capacidad para resurgir de sus propias cenizas, se relacionaba al ave Fénix con la resurrección de los muertos y también por eso era el símbolo del dios Osiris, el señor de los muertos. Pero además se la relacionaba también con el dios Ra, porque se creaba a sí misma y porque los rayos solares eran los que encendían la hoguera de su nuevo nacimiento.

Su nombre proviene del griego *phoinix*, que significa *rojo*.

BRAHMA

El creador

En los tiempos más remotos de la mitología de India, cuando aún no existía ninguna cosa, sólo estaba Brahma, un todo absoluto y esencial que creó los océanos. Las aguas de esos mares empezaron a girar y de su movimiento circular nació un huevo de oro, refulgente, con más brillo y calor que el sol, en cuyo interior estuvo la esencia humana de Brahma durante un año. Pasado este tiempo, Brahma rompió el huevo con la fuerza de su pensamiento y salió. Entonces creó todo lo que existe: los cuatro elementos, el cielo, la tierra, las plantas y animales, los hombres... Todo fue creado por Brahma, incluso él mismo, y por eso se decía de él que era «el generado por sí mismo», que es como decir que fue el principio de todo.

La apariencia del dios creador era humana, pero tenía cuatro cabezas y cuatro brazos, uno por cada punto cardinal, además se le representaba montado sobre un ganso, que era su animal mágico. Contaban que mientras Brahma estuviera despierto, el mundo existiría, pero que en cuanto el dios se durmiera, el universo terminaría. Aunque no era muy preocupante: ¡un solo día de Brahma duraba billones de años y su edad era eterna!

Sobre cada uno de sus cuatro brazos, Brahma sostenía uno de los cuatro Vedas o libros sagrados, que la tradición cuenta que surgieron de su propia boca. Muchas veces se le representa sentado sobre una flor de loto, pues esta flor simboliza la creación y la vida.
En la actualidad, el culto a Brahma casi ha desaparecido, y sólo se conserva un templo en su honor en Pushkar (Rajasthán, India).

VISHNÚ

El conservador

El dios Vishnú formaba, junto a Brahma y a Shiva, la llamada Trimurti (o Trinidad).

Vishnú tenía forma humana, pero con cuatro brazos, en los que sostenía cuatro elementos mágicos: la maza del poder, la flor de loto de la pureza, una caracola que encerraba en su interior el sonido del universo y un disco que era su mejor arma.

En la religión de la India se cree que todos los seres vivos, cuando mueren, vuelven a vivir en otro ser vivo. A esto lo llaman reencarnación. Dependiendo del buen o mal comportamiento, las reencarnaciones son mejores o peores, de manera que hay que actuar con bondad siempre para asegurarse una vida posterior que sea cada vez mejor.

Vishnú era el dios encargado de conservar el universo y por eso bajó nueve veces a la tierra para ayudar a los hombres y salvarles de algún desastre. Esas nueve apariciones o reencarnaciones se hicieron sobre distintos seres: la primera, en un pez, la segunda en una tortuga, la tercera en un jabalí, la cuarta en un ser que era la mitad humano y la mitad león, la quinta en un enano, la sexta en un brahmán (que es un sacerdote hindú muy poderoso) y la séptima se reencarnó en un príncipe. Las dos últimas reencarnaciones son las más famosas y os las vamos a contar enseguida con más detalle.

KRISHNA

La octava reencarnación

De la conversación filosófica entre Krishna y Arjuna, el conductor de su carro, surgirá el texto sagrado del hinduismo: el *Bhagadvad Gita*.

La octava reencarnación de Vishnú, Krishna, es muy complicada: existen muchas historias sobre el personaje de Krishna y ninguna se parece en nada; por ejemplo, hay un Krishna heroico, otro guerrero, otro que es un niño prodigio... pero el Krishna más curioso y encantador fue un joven de extraordinaria belleza que era tan hermoso y con tanta gracia y dulzura, que todas las mujeres, simplemente con verle, caían al instante enamoradas de él. Cuentan que tuvo más de 18.000 amantes, pero sin embargo hay una de ellas que fue especial. Su historia es muy triste: se llamaba Rada y era una mujer virtuosa que estaba casada. Cuando Rada encontró a Krishna, no pudo evitar sentir una pasión encendida, porque ¿es que un simple mortal podía resistirse a los encantos divinos?, por eso Rada abandonó a su esposo y siguió a Krishna sacrificando todo lo que era y lo que tenía por el amor que sentía. Pero Krishna no había cambiado, seguía siendo un personaje encantador que enamoraba a todas las mujeres, pronto olvidó su capricho por Rada y se puso a cortejar a las muchachas que se encontraba. Esa promiscuidad provocaba unos celos enloquecedores a la pobre Rada; unos celos tan terribles que, al final, acabaron con la vida de la dulce mujer.

BUDA

La novena reencarnación

Buda («el Iluminado») fue el fundador del budismo, sistema filosófico y religión sin Dios: para los budistas, no existe un ser absoluto, todo es cambio y transformación y no hay nada permanente.

En la novena reencarnación Vishnú tomó la forma del príncipe Shiddarta Gautama. Desde su nacimiento, el príncipe fue educado con todo el lujo del mundo, pero además sus padres querían que fuese siempre feliz y por eso evitaron que viese cualquier cosa que no fuera la felicidad y belleza más absoluta. Así vivió Shiddarta hasta los 29 años, pero un día, por descuido, vio a un enfermo, a un anciano dolorido y también a un hombre muerto. Por primera vez en su vida comprendió lo que era el sufrimiento y pensó que le habían engañado, así que decidió buscar la verdad. Entonces renunció a todo y se sentó como un ermitaño a meditar. Indagó en su propia mente hasta poder controlar todos sus actos conscientes e inconscientes, también sus pensamientos y sus sentimientos o emociones. Esta profunda meditación le llevó a alcanzar un estado de pureza y paz sobrenatural, hasta el punto de convertirse en el hombre de mayor sabiduría, que entendía todo dentro de sí mismo y que incluso era el refugio de los dioses. Cuando completó su preparación se llamó Buda y viajó por toda India explicando lo que había aprendido: que el modo de terminar con el sufrimiento y alcanzar la sabiduría, la paz y el equilibrio era la meditación.

SHIVA

El destructor

Brahma había creado el universo y Vishnú lo conservaba ayudando a los hombres, pero Shiva era el dios capaz de destruir todo lo creado... y, sin embargo, no se le consideraba siempre un dios malvado, porque Shiva destruiría el universo sólo para que volviera a ser creado de nuevo en una reencarnación total, así que era a la vez un dios destructor y un dios renovador. Por eso se le representaba de las dos formas: como bienhechor por un lado y como terrible juez que decidía la destrucción de las cosas por otro. Según la tradición, Brahma por fin dormiría durante una noche tan larga como uno de sus días, cosa que sería el final de nuestro mundo, pero, al despertar, el universo volvería a crearse de nuevo. Shiva estaba casado con la diosa Parvati, que era al mismo tiempo y de forma misteriosa, su hermana, su hija y su madre, además de su esposa, ¿os imagináis el lío que suponía ser de esta familia? Esta diosa tenía dos formas: como diosa de la guerra iba montada en un tigre y como diosa de la muerte iba «adornada» con un collar de cráneos y un cinturón de brazos humanos.

Shiva simboliza la fuerza de la destrucción y, sobre todo, el tiempo que todo lo aniquila, pero que es, a la vez, fuente de regeneración.

GANESHA

El dios elefante

Ganesha, además de ser el dios de la buena suerte, era el dios que ayudaba a eliminar los obstáculos, pues aplastaba con su trompa todo tipo de dificultades. En India se cree que el elefante es un animal muy inteligente; por ello a Ganesha se le considera como el dios más inteligente de todos.

Shiva y Parvati tuvieron un hijo, al que llamaron Ganesha. Un día, siendo Ganesha pequeño, se puso a jugar y a hacer travesuras molestando a su padre que, enfadado, le cortó la cabeza. Pero no os preocupéis, a los dioses eso no les hacía daño y además, siendo Shiva el dios de la destrucción era normal que reaccionara así, pero también era el dios de la renovación, ¿recordáis?, por eso, para solucionarlo después, se le ocurrió poner al niño la cabeza de un elefante, de modo que el dios Ganesha se representaba siempre así: con el cuerpo de un humano y la cabeza de elefante.

Ganesha, como dios de la buena suerte, era invocado por los escribas y los mercaderes cuando tenían que iniciar algún negocio importante. Por ello también se colocaba una figura de elefante en la entrada de las casas, para asegurar que el dinero y la prosperidad no se escaparan y no faltaran nunca a los habitantes de ese hogar. Se decía también que era un dios muy goloso, amante de los dulces y era frecuente que apareciera con un colmillo roto, pero no se le rompió por comer dulces, sino luchando contra un demonio. Para vencerle, al final le convirtió en un ratón y, es curioso, ¿no sabíais que los elefantes, a pesar de su gran tamaño y su fuerza, tienen mucho miedo de los ratones?

PAN-KU

y el huevo negro

Pan-Ku pasó miles de años encerrado en el huevo hasta que se sintió inquieto y decidió salir, así que rompió la cáscara del huevo y ocurrió algo maravilloso: la parte más clara del interior subió y formó los cielos, mientras que la parte más oscura cayó y formó la tierra. El dios Pan-Ku se quedó en medio, con la cabeza rozando el cielo y los pies sobre la tierra. Después fue creando el resto del mundo: cuando Pan-Ku lloraba, sus lágrimas formaban los ríos y los mares; si Pan-Ku soplaba, su aliento se transformaba en los vientos y las nubes... Se creía que a lo largo de miles de años, Pan-Ku se fue desintegrando y todo su cuerpo se transformó en piezas del universo: sus cabellos formaron las estrellas, su piel pasó a ser la hierba y las flores, uno de sus ojos se convirtió en el sol y el otro en la luna, sus brazos y piernas se transformaron en las grandes montañas... Todas las cosas del mundo eran para los chinos partes del cuerpo del dios Pan-Ku y por eso había que cuidarlas y respetarlas.

En China existe una frase hecha que dice así: «desde que Pan-Ku creó el cielo y la tierra...», que se usa cuando se quiere decir que algo ocurrió hace muchísimo tiempo, así que tenéis que remontaros a la época más antigua, cuando no existía nada más que un enorme huevo de color negro en cuyo interior estaba Pan-Ku, el primer dios.

NIU-KUA

La diosa que creó a los hombres

Aunque se le llamaba «Santa Madre del Cielo», Niu-Kua no es la creadora de todo el Universo, pero sí se la considera la madre de la Humanidad. Desde muy temprano la leyenda la casó con Fu-Hi, el «Emperador Celeste», que reinó entre los hombres desde que éstos se extendieron por toda la tierra y a los que enseñó el matrimonio y a domesticar a los animales.

El universo que Pan-Ku había creado era muy hermoso: por todos los rincones crecían frondosos árboles y bellas flores, el agua corría por los ríos y mares y muchos animales disfrutaban de la naturaleza. Pero la diosa Niu-Kua, la divinidad femenina más antigua de China, no estaba contenta. Se sentía sola y triste porque no podía hablar con nadie. Por eso un día bajó a la tierra y recogió barro de las riveras de los ríos. Ese barro lo mezcló con agua para ablandarlo y se puso a modelar una figura muy parecida a ella misma. A medida que iba construyendo la figura, ésta cobraba vida y así, la feliz diosa continuó modelando durante horas y horas hasta haber esculpido en barro muchas figuras. Esas esculturas de la diosa Niu-Kua fueron los primeros seres humanos que poblaron el mundo, y desde entonces la diosa nunca volvió a sentir soledad. También cuentan las leyendas que cuando el dios del agua y el dios del fuego entraron en guerra destrozaron la gran montaña que sostenía al cielo, dejando un gran agujero entre las nubes. La diosa Niu-Kua tapó el agujero y volvió a sostener el cielo usando las cuatro patas de una enorme tortuga.

YI

La leyenda de los diez soles

En la China más antigua y remota existían diez soles que se iban turnando para dar calor y luz a la tierra, de manera que siempre había un sol en lo alto y las cosechas crecían fértiles gracias a la abundancia de luz y de calor que nunca variaba de intensidad. Pero llegó un momento en el que los diez soles decidieron salir todos a la vez en lugar de hacerlo de uno en uno para demostrar su poder sobre los hombres y así, con tanta luz deslumbradora y un calor abrasador, las plantas, los animales y los hombres empezaron a morir.

Yi era un joven muy aficionado al tiro con arco que destacaba por su habilidad y destreza, pues nunca fallaba una diana. Al ver lo que estaba ocurriendo, Yi salió de su casa armado con su arco y disparó nueve flechas que al instante apagaron nueve de los diez brillantes soles. El sol que quedó es el único sol que vemos ahora, el que ilumina a los hombres y les da su calor sin peligro de que se queden secos, pero al no haber más soles con los que turnarse, debe descansar por la noche, que por eso es oscura.

Gracias a Yi la humanidad se salvó de morir abrasada, así que en China se le veneraba como a un dios y se decía que era el mayor héroe que había existido.

Curiosamente, la leyenda dice que en la luna vive una dama, dueña del Alcázar de la Luna, que es la esposa de Yi. Allí vive con la compañía de un conejo de color jade que fabrica medicinas.

El Yin y el Yang

El equilibrio

El Yin se manifiesta sobre todo por el movimiento, mientras que el Yang se manifiesta especialmente por la pasividad.

El símbolo del Yin-Yang es una esfera dividida por la mitad con una curva sinuosa que separa una parte de color negro con un círculo blanco y otra parte de color blanco con un círculo negro. Su significado se remonta a la mitología china más antigua, se trata de diferenciar los dos polos de la vida: lo blanco y lo negro, lo bueno y lo malo, lo femenino y lo masculino, el fuego y el agua... y, en general, cualquier concepto que implique dualidad y formas contrarias. Porque para los chinos todo lo que existe se puede dividir en dos: la cosa real, ella misma, y su contrario, ya que ese contrario es completamente necesario para mantener el orden y el equilibrio, pues es, en realidad, su complementario. Además, el hecho de que dentro de la parte negra haya una pequeña porción blanca y viceversa, implica que en toda cosa buena hay algo malo y al revés, es decir, que todo tiene su cara y su cruz, su luz y su sombra. Si se rompe la armonía entre estos dos elementos antagónicos, surgen las guerras, el hambre y las catástrofes naturales. La religión china, el taoísmo, está basada en el equilibrio general que rige todas las cosas. Los hombres están en este mundo para buscar su Tao o su camino, aunque para cada uno ese camino puede ser diferente, y para alcanzar esta meta hay que buscar siempre las fuerzas en equilibrio que nos proporciona el Yin-Yang.

EL DRAGÓN

Monstruo mitológico

El dragón es un monstruo con aspecto de reptil inmenso o de dinosaurio, pero que tiene normalmente alas, unas garras parecidas a las de las aves rapaces, la cola de una serpiente que además suele tener púas y, por supuesto, la peculiar característica de poder echar fuego por la boca.

La figura del dragón aparece en casi todas las culturas unida a la idea del mal. Por ejemplo, los antiguos habitantes de Mesopotamia tenían en su panteón una diosa llamada Tiamat, que era un dragón malvado, reina de los mares y causante de la destrucción y las catástrofes naturales, y en la cultura cristiana el dragón es símbolo del pecado y por eso San Jorge aparece luchando contra él en muchas imágenes religiosas. Sin embargo, para los chinos y japoneses el dragón suele simbolizar el poder celestial y espiritual, ya que pueden volar y por tanto están cerca de los dioses. Además representa la fuerza benéfica, porque se cree que pueden otorgar salud y buena suerte, e incluso que tienen poder para atraer la lluvia en época de sequía y salvar las cosechas.

En el emblema imperial chino aparece un dragón con cinco garras y en el japonés, uno con tres garras. Un dragón encabeza el desfile del Año Nuevo chino para traer buena suerte en el año que empieza.

El Yeti

El abominable hombre de las nieves

No se sabe a ciencia cierta si es real o no, pero la tradición dice que es un monstruo con el aspecto de un gorila de unos dos metros de altura, muy fuerte y peludo, que suele gruñir con alaridos espeluznantes y desprende un hedor espantoso.

Dicen que vive escondido en las intrincadas montañas del Himalaya, aunque algunas personas aseguran haberlo visto o haber encontrado sus huellas, pero todos los testimonios están sin demostrar. Incluso los científicos se han sentido atraídos por la misteriosa leyenda del Yeti y algunos han planteado la posibilidad de que no se trate de un mono, sino de un hombre de Neanderthal que aún sobreviva y que sea el último de su especie. Y es que del Yeti se sabe que camina erguido, como los hombres, de manera que podría ser una mezcla entre los primates y los hombres, un estado intermedio entre animal y humano. En el Tíbet le llaman Metoh Kangmi o Migou y se dice que en algunos monasterios lamas guardan animales momificados. En cualquier caso, entre los tibetanos es común asustar a los niños diciéndoles que si no se portan bien se los llevará el Yeti. ¿Es el coco infantil? ¿Es el guardián del Himalaya, como dicen los sherpas? ¿Es un King-Kong de las montañas? ¿Un animal desconocido? ¿Un monstruo? ¿Nuestro antepasado? El misterio permanece intacto.

IZANAGUI

El origen del Japón

Antes de que el mundo fuera como es ahora sólo existía el caos, un torbellino donde únicamente podían sobrevivir los dioses. Entre ellos estaban los dioses Izanagui y su mujer, Izanami, que un día tuvieron la idea de separar la tierra, las aguas y el cielo. Entonces Izanagui golpeó con fuerza sobre el agua y una multitud de gotas salpicaron de pronto formando todas y cada una de las islas que integran el Japón, que son en total trescientas ochenta y siete. Los esposos tuvieron muchos otros hijos: los ríos, el viento, los árboles, las montañas, los alimentos…, cada cosa fue creada por ellos, pero con su último hijo, el fuego, Izanami murió abrasada al darle a luz. Izanagui, al verla muerta, lloró con pesar y, sin resignarse a perderla para siempre, decidió bajar al infierno a buscarla, pero una vez allí contempló con tristeza que aquellos que han llegado al mundo subterráneo nunca regresan, de manera que subió otra vez a la superficie. Según cuenta la tradición, se bañó para purificarse después de haber estado en el infierno y cuando se limpió el ojo izquierdo, de él creó a la diosa del sol y de la luz, llamada Amaterasu, mientras que del ojo derecho creó la luna.

Tras la muerte de su mujer, Izanagi decidió dividir el mundo entre sus hijos; y así, encargó a Amaterasu el gobierno del cielo, a Tsuki-yomi el de la noche y a Susanô el cuidado de los mares. Pero este último dijo que prefería ir al mundo inferior con su madre, así que Izanagi lo desterró y después se retiró del mundo para vivir en el alto cielo.

SAMURÁI

El caballero guerrero

Samurái en japonés significa «que sirve a su rey». Los samuráis eran soldados que servían al señor feudal. Estaban vinculados entre sí por un código de ética y conducta (el *bushido*), que les convirtió en un ejemplo para las clases bajas. Sólo ellos podían llevar espadas, tenían los mismos privilegios que las clases altas y no se les ponían límites para viajar.

Existe una antigua historia sobre un samurái que ya era anciano y enseñaba su experiencia a los jóvenes de su ciudad. Un día, un guerrero malvado e indigno le retó con la conocida técnica de la provocación. Sabía que él era más joven y fuerte, que tenía más reflejos y mejor condición física que el anciano, de modo que si le provocaba y éste respondía, tenía muchas posibilidades de terminar venciéndole en la lucha y obtener mucho prestigio entre los samuráis más jóvenes que hasta ahora admiraban al anciano. El guerrero se colocó frente al samurái y empezó a insultarle, pero el anciano maestro no respondió. Entonces el guerrero le llamó cobarde, llegando incluso a insultar a sus antepasados; aun así, el viejo samurái no se movió ni dijo nada. Rabioso, el guerrero se marchó. Entonces los jóvenes alumnos del samurái le preguntaron por qué les decepcionaba, por qué se dejaba insultar sin defender su honor.

—Si alguien os da un regalo –respondió el samurái– y no lo aceptáis, ese regalo sigue perteneciendo a quien os lo quería dar. Lo mismo ocurre con la ira y la envidia: si no los aceptáis siguen acompañando al que los posee.

HUMIKO

La hija del mar

En los tiempos más antiguos vivía en el mar una sirena que envidiaba la luz que iluminaba una ciudad del Japón por la noche, ya que sus habitantes usaban velas y antorchas que podían verse desde la costa. Por eso, cuando la sirena tuvo una hija, decidió abandonarla en la ciudad, para que su niña tuviera la luz que ella tanto deseaba. El bebé fue encontrado por un matrimonio que se dedicaba a elaborar velas y que se alegraron mucho de adoptar a una criatura tan extraordinaria, con su hermosa cola de pez. La llamaron Humiko, que significa «hija del mar». La sirena creció y se convirtió en la más bella de la ciudad, de manera que sus padres decidieron ocultarla de las malas miradas y por eso Humiko era la encargada de fabricar las velas en el taller, en lugar de salir a venderlas. Sus velas estaban decoradas con flores y animales del fondo del mar y eran las que mejor se vendían en el mercado, adquiriendo tal fama que un día, un rico mercader, ofreció tantos bienes a cambio de la muchacha, que sus padres se la entregaron. Humiko lloró y suplicó, pero aun así fue conducida al barco del mercader. Esa noche una tempestad inexplicable hundió el barco y destrozó la ciudad.

Desde entonces, los pescadores encienden velas en honor de Humiko antes de salir al mar, para aplacar su ira y pedir calma en las aguas.

URASHIMA

El castigo a la curiosidad

Los papás japoneses todavía cuentan esta historia a sus hijos para evitar que sean curiosos o distraídos.

En una isla de Japón vivía un pescador llamado Urashima que era tan pobre como bondadoso. En una ocasión vio cómo unos chiquillos martirizaban a una tortuga en la playa y, conmovido, riñó a los niños y se llevó a la tortuga, a la que liberó cerca del mar.

—Soy hija del rey de los mares–dijo la tortuga– y quiero premiar tu buena acción, así que podrás acompañarme al reino de las profundidades.

Urashima montó sobre la tortuga y pronto llegaron a una ciudad submarina fastuosa, llena de tesoros, donde la tortuga se transformó en una mujer hermosísima. Allí pasó unos días y pronto los dos jóvenes se enamoraron, pero el pescador empezó a sentir añoranza de su ciudad y pidió regresar. La joven le entregó una caja diciéndole que si deseaba volver a verla no debía abrirla bajo ningún concepto y después lo depositó en la playa. Urashima llegó caminando a la ciudad, pero algo extraño estaba ocurriendo: todo había cambiado, los que eran niños cuando salió de allí ahora eran ancianos y las tiernas plantas que entonces retoñaban ahora eran árboles inmensos, porque aunque en las profundidades del mar apenas habían pasado unos días, fuera habían transcurrido cien años. Desesperado por regresar junto a su amada, Urashima abrió la caja prohibida sin pensar y entonces se convirtió en un anciano y en unos minutos murió de viejo.

GILGAMESH

El rey cruel

Se cuenta que Gilgamesh era un rey cruel y déspota, por lo que los dioses enviaron al guerrero Enkidu a luchar contra él, con el fin de liberar del tirano a los habitantes. Sin embargo, tras la sangrienta lucha, ninguno de los dos resultó claro vencedor y, después de tantos esfuerzos, ambos contrincantes se hicieron amigos al reconocer el valor del otro. Gilgamesh y Endiku se enfrentaron juntos a mil aventuras en un largo viaje, pero sobre todo cuando la diosa Astarté declaró que estaba enamorada de Gilgamesh. Al no ver correspondido su amor, la rencorosa diosa les envió un toro terrible capaz de destruir la ciudad, pero juntos, Gilgamesh y Endiku consiguieron vencerle, con lo que los dioses, ofendidos por su soberbia y atrevimiento, quitaron la vida a Endiku. Al haber perdido a su gran amigo, Gilgamesh emprendió un viaje en busca de la inmortalidad y la eterna juventud, pero no consiguió encontrarla y así aprendió que todos los hombres, incluso los más poderosos, son débiles en realidad. Al comprender el sentido de la verdadera humildad, Gilgamesh se convirtió en el rey más justo, noble y bueno con su pueblo que se recuerda en Persia.

El *Poema de Gilgamesh,* escrito en el 2000 a. C., es una epopeya que cuenta la historia idealizada y legendaria de Gilgamesh, el rey babilonio de la ciudad de Uruk. Con este poema se inicia la literatura de la humanidad: está escrito sobre once tablillas con escritura cuneiforme, los caracteres más antiguos del mundo. La escritura cuneiforme combinaba signos en forma de cuña y de punta de lanza.

ORMUZ Y AHRIMÁN

El bien y el mal

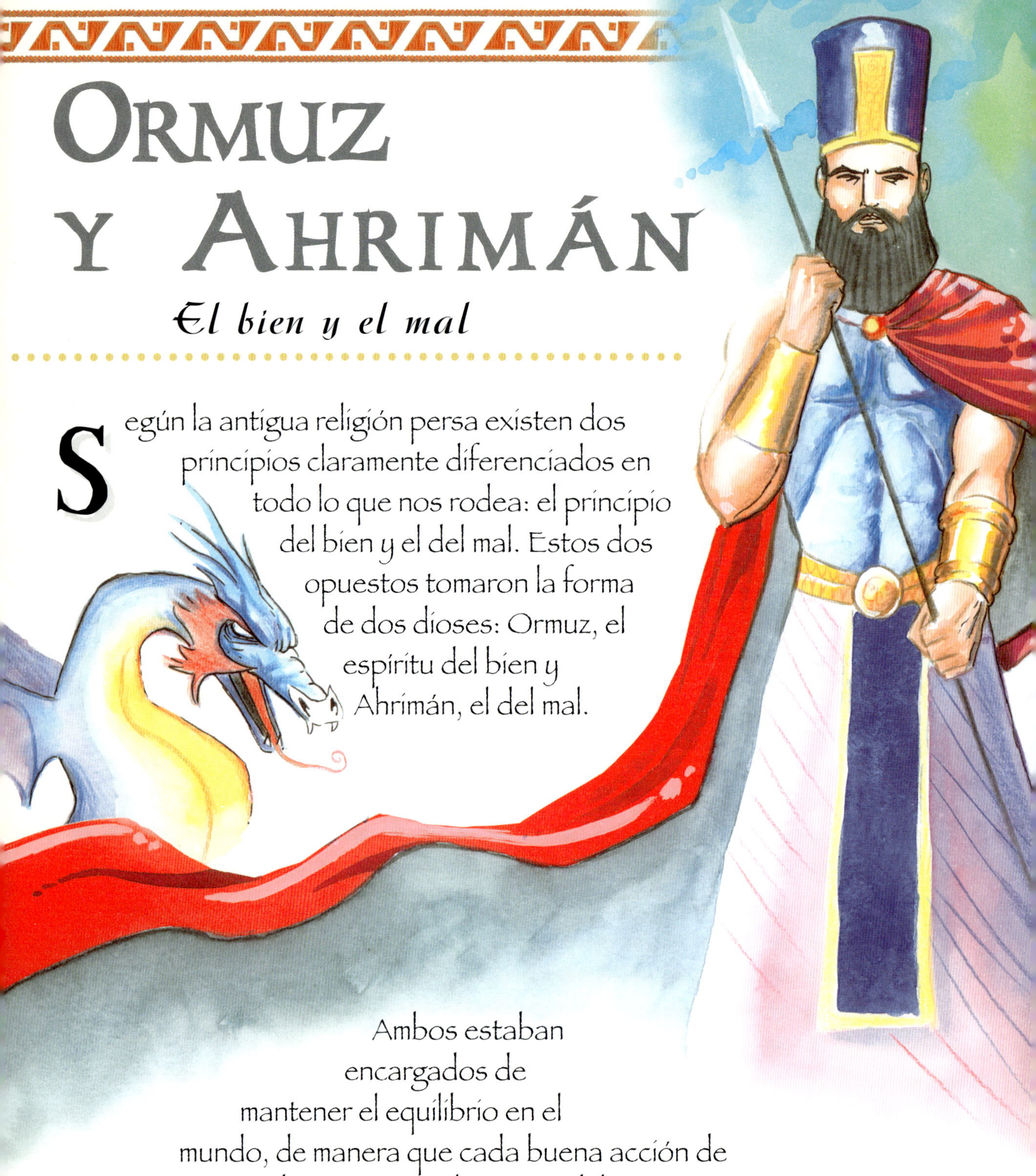

Según la antigua religión persa existen dos principios claramente diferenciados en todo lo que nos rodea: el principio del bien y el del mal. Estos dos opuestos tomaron la forma de dos dioses: Ormuz, el espíritu del bien y Ahrimán, el del mal.

Ambos estaban encargados de mantener el equilibrio en el mundo, de manera que cada buena acción de uno se compensaba con una mala acción del otro y viceversa. Ormuz es el creador de todo lo hermoso y lo bueno, mientras que Ahrimán es el rey de los demonios y de todas las fuerzas negativas. Se creía que el día del juicio final, los dos dioses se encontrarían y librarían una batalla terrible, donde el bien resultaría vencedor para el resto de la eternidad creando un mundo perfecto.

ÍNDICE